심장에 박힌 혀

심장에 박힌 혀
시산맥 감성기획시선 053

초판 1쇄 발행 | 2020년 9월 18일

지 은 이 | 이영은
펴 낸 이 | 문정영
펴 낸 곳 | 시산맥사
편집주간 | 이성렬
편집위원 | 강경희 안차애 오현정 정재분
등록번호 | 제300-2013-12호
등록일자 | 2009년 4월 15일
주　　소 | 03131 서울특별시 종로구 율곡로 6길 36,
　　　　　월드오피스텔 1102호
전　　화 | 02-764-8722, 010-8894-8722
전자우편 | poemmtss@hanmail.net
시산맥카페 | http://cafe.daum.net/poemmtss

ISBN 979-11-6243-133-7　03810

값 9,000원

* 이 책은 전부 또는 일부 내용을 재사용하려면 반드시 저작권자와 시산맥사의 동의를 받아야 합니다.
* 이 도서의 국립중앙도서관 출판예정도서목록(CIP)은 서지정보유통지원시스템 홈페이지(http://seoji.nl.go.kr)와 국가자료종합목록 구축시스템(http://kolis-net.nl.go.kr)에서 이용하실 수 있습니다. (CIP제어번호 : CIP2020037989)
* 이 시집은 교보문고와 연계하여 전자책으로도 발간됩니다.

심장에 박힌 혀

이영은 시집

* 본문 페이지에서 한 연이 첫 번째 행에서 시작될 때에는 〈 표기를 합니다.

■ **시인의 말**

나의 꽃과 별

가슴에 모여든 수천 개의 빗방울을 위하여

어둠 속에 심어둔 오보에를 깨트린다

2020년 초가을, 이영은

■ 차 례

1부

누구나 한 번은 - 19

새 - 20

목단 - 21

오보에 1 - 22

오보에 2 - 23

오보에 3 - 24

말더듬이 - 26

귀가 - 28

거울 속 거울 - 29

꽃 타래들이 흔들린다 - 30

어머, 꽃이 피었네 - 31

딸아, 너는 - 32

한순간, 심비디움 - 34

발음 연습 - 35

2부

귀로 듣는 고요 — 39
잃어버린 신발 — 40
꽃을 펼치다 — 42
초록편지 1 — 43
초록편지 2 — 44
내 몸의 야경 — 45
변두리 다섯 발자국 — 46
별빛 — 47
글라디오라스 — 48
꼭, 진주처럼 — 50
강물 — 52
쉼보르스카 — 53
절벽의 반어법 — 54
여기, 오월인가요 — 56

3부

수국 – 59

지구의 다른 별 – 60

시집 사주는 남자 – 61

보랏빛 저녁 – 62

비, 또는 안개바람 – 64

보성여관 – 65

네가 없는 다음날에 – 66

춥고 높은 발음 – 68

일곱 번의 욕처럼 – 69

촛불 한 채 – 70

사하라에 뜨는 별 – 71

은백양 숲으로 가는 길 – 72

가을 – 73

얼음과자 막대를 물고 – 74

4부

과달라하라 - 77

단풍잎 연도 - 78

수선 집 여자 - 79

낯선 여인숙에서 하룻밤 - 80

골고다 - 82

2020 사순 - 83

에스티 로더 - 86

어여쁜 신 - 87

백색 순교자 - 88

두 번 죽는 여자 - 90

돌 위를 맨발로 걷다 - 92

부서진 기둥 - 94

남 요셉 신부님 추모 시 - 96

11월 - 98

■ 해설 | 김정수(시인) - 101

1부

누구나 한 번은

자꾸 밀리고 멀어져서
절벽을 보고 말았다

이 별에서 내리는 날
춥지 않았으면 좋겠다

마지막 세계를 벗을 때

가난하고 쓸쓸한 날
더 이상 외울 기도문도 없다

문득
한 방울의 눈물과 함께

내 생이 은닉한 유일한 문장은

왜 그렇게
너는 나를 슬프게 했니!

새

늦은 봄처럼 아프다
자꾸 녹아가는 시간을 붙잡는다는 것

숙제 같은 게 있어서 기어코 살았을 것이다

늘 궁금했다
새들은 어떻게 하늘을 날아갈 수 있는지

나도 저 먼 허공 속을 날아 날 수 있을까

새가 된다는 건
자기 그림자를 차츰차츰 비워가는

저녁 빛이다

목단

먼지 내린 옛집 뒷마루 앉아
겨울 햇살 비스듬히 메주콩을 가려낸다

보리밥 삶는 냄새
대나무 바구니 기둥에 걸린다

잔칫상 한가운데 누구도 손대지 않는
맑고 가난한 동치미 한 그릇

엄마는 꽃이 되었을까
고사리 같은 그리움 지문으로 찍힌다

옛 마당 뜰
어느 해처럼 목단 꽃 피어
엄마 냄새 맡는 오후가 지고 있다

오보에 1

당신이 누구인지 모르던 봄날
곁을 그냥 스쳐 갔지요
그때 잠잠히 웃으셨던가요
기도가 멈출 때마다
부르지 않아도 달려와 주셨지요
차고 단단한 돌 속 깊은 깜깜함
얼굴 볼 수 없었어요
길고 무겁던 신음, 듣고 계셨던 거지요
그때는 하느님의 어머니가
저의 어머니인 줄 차마 생각 못했습니다
잃어버린 열쇠를 찾았던 아주 기쁜 날
내가 열리는 소리 가만히 만질 수 있습니다
눈뜨면 상처의 기억을 통과한 선명한 핏자국들
내 속에 들어있던 작은 악보, 물빛 음표로 살아 오르지요
통째로 내가 깨트려지던 순간을
찬찬히 들여다봅니다.
처음부터 당신 품안에 있었던 것을
검고 붉은 저만 모르고 살았습니다

오보에 2

슬픔도 익으면 맑고 깨끗한 소리가 난다

그땐 몰랐다
별은 얼마나 지상으로 떨어지고 싶어 하는지

겨울이 잘 보이는 마지막 시간 올 때

세계의 가장 외진 곳

보잘것없는 시 한 줄에 새겨진
별의 문양에 입맞춤하리라

오보에 3

어젯밤 내내 당신의 혀를 만졌다

첫 문장 마음 깨지고
아홉 번째 행간에서 손가락 베인다

당신이 열어둔 문 틈새 숨어있는
두 손 지르는 비명 듣는다
그 순간 분홍빛 뺨과 내밀한 숨소리
살빛 냄새 맡고 껴안으며 눈 맞추고 싶다

단어들은
읽어주는 당신을 원하지 않는다
오래오래 느껴주기를 기다리는 두 귀의 고요함

지금을 견디어도 같은 순간이 다시 올 뿐
서 있어야 할 곳 자기 가슴뿐인 사람

산다는 것을 견디는 유일한 불빛
다 부르고 나면 문장에 찍힌 음표들이 대신 울겠지

〈
　육십 페이지 안에 꽉 들어찬 당신의 입술을 만지는 기쁨
　거침없이 당신 속으로 들어갈 수 있어
　밤이 따뜻해졌다

말더듬이

소리는 늘 던져져야 했다
ㅔ, 발음 입 모양으로 웃어야 할 때
ㅏ, 발음 입 모양으로 몸을 비튼다

아주 오래전
너는 우는 법을 잊어버렸다

여름 장날 턱턱 숨 막히던
까까머리 땡볕 아래 온종일 기다렸다

그 붉은 숯덩어리 숨어버리고
들이닥친 검은 어둠

엄마는 오지 않는다
가슴에 꽂힌 수건에서 젖 냄새가 난다

어둠에 묻히는 발끝을 모아 세우고
끝도 없이 들여다보는 달력의 빨간 날들

〈
기다림의 체벌은 끝나지 않는다
돌아갈 여비 없는 자투리 삶이 너덜거린다

한번쯤 칭얼대고 싶다
우두커니, 어 엄, 아, 아. 아

귀가

붉은 하늘 향해
크고 넓은 이마를 달고 들어온다

창가에 앉아 가는 너

떠나고 싶은 건 나지만
기차를 타는 건 너의 긴 머리카락

두근거림과 한숨 소리
우편함에 싣고
분홍과 잿빛 편지 한 장씩 떨어뜨린다

떠나는 뒷모습은 그렇게 종을 울린다

한사코 기차를 타고 싶은 저녁이다

손을 흔든다
떠날 수 없는 네가 아닌 나에게

거울 속 거울[*]

붉은빛 감정이 아니라
진실의 흰빛을 찾으러 가는 길목

언어가 멈춘 지점
침묵은 기표가 되고 기의가 된다

거울 속 거울 저쪽
캄캄하고 저 깊은 지하 8356

소리를 들여다볼 수 있다는 믿음으로
첼로의 음계를 더듬는다

페이지마다 휘갈긴 젖은 메모장
진실은 손가락 사이로 빠져나간다

음률의 처음부터 끝까지
온 힘 다해 베껴 쓴 몽당연필 있을 뿐

배역 끝난 늙은 배우 잿빛 코트를 입고
잠긴 문밖에 서 있다

*Arvo part

꽃 타래들이 흔들린다

내가 보낸 한 송이 꽃

한 장 한 장 뜯으며 너는 울었을까
마지막 꽃잎마저 떨어질 때

장미처럼 피 흐르던 날
분첩이 뒤집히며 날리던 향기
꽃은 이미 꽃이 아니어라

꽃이 아름다운 건
매 순간이 필멸이기 때문일 것이다

장미의 멜로디는 끝나고
오로라는 어둠 속으로 사라져버린다

사랑의 원형을 그리기 시작한 날부터
해체된 꽃잎들 다시 돌아오지 않는다

어머, 꽃이 피었네

밤새 끙끙 앓던
폭발하는 우주의 굉음을 듣는다

봄을 태우는 가득한 불길
튤립의 가는 목이 자지러진다

눈꺼풀에 관통당하는 낡고 익숙한 것들

한 세계가 무너질 때
폭죽 터지는 소리에 두 귀를 막아야 했다

또 다른 진입의 시작이다
붉다
아프다
고통은 한 송이씩 시를 떨어뜨리곤 했다

뒤뜰은 봄의 하혈로 흥건했다

딸아, 너는

너는 어디로부터 왔는지

내게 진입한 순간을 붙잡아
함께 숨 쉬고 하나가 된다

이 세상 울음소리
다 네 울음으로 들리던 순간들

힘들게 허물 벗은 껍데기는 몇 번째인지

새롭게 다가오는 것들은
살아 튀어 오르는 음표를 달고
금빛 영롱한 날개를 젓는다

네가 앓고 있는 동경은 무엇인지

가장 아름다운 것은
아직 살아보지 않은 날들이 있다는 것

〈
네 안의 순결과 야수의 밤들
얼룩진 푸른 멀미의 긴 날들을 지나

어느 한순간
정면으로 부딪치는 네 안의 나
또 다른 합일의 시간에 도달할 수 있기를

한순간, 심비디움

펄펄 끓고 있는 꽃잎
너무 오래 깊이 잠가둔 빗장 여는 소리

별에 심은 나의 심비디움,

꽃대를 올리는 야생화
혼자서도 향기로워진다

잊을 수도 버릴 수도 없는 열망을 매달고
산네발 나비 무늬를 짜 넣는다

영원 같은 순간의 반복
결국 심장에 박힌 별을 뽑지 못할 것이다

검은 페이지로 뒤덮인 하늘을 열지 못한 채

뜨겁고 격렬한 폭풍우
창문 너머로 달려가는 바람의 발톱

발음 연습

모를 일이다
늘 펄럭이는 슬픔

존엄을 잃어버린 시간
가장 깊은 곳에서 완성을 기다리는 너의 노트북

잔혹한 삶의 진실들 어디로
흘러가는지

살아온 만큼만 쓸 수 있는
생의 얼룩 같은 문장들

받아 적을 수 있을까

영혼의 증명서 한 장 손에 쥐고 싶다

2부

귀로 듣는 고요

눈이 내린다
남해안 작은 마을
눈 내리는 고요를 듣는다

새가 운다
흰 눈에 갇혀 아득해질 때
모든 귀가 열리나보다

희디흰 슬픔 내리면
닫힌 귀 여는 법을 저절로 생각하는 걸까

침묵 속에서만
오선지 위에서 무너지는 여린 울음소리

잃어버린 신발

너의 집으로 가는 길은 참 예쁘다

별들의 발자국 소리 듣는 밤
몇 번의 생을 지나는 마침표 없는 그리움을 수렵한다

나의 별이 되어 박히던 순간의 눈물을 기억해줄래?

멀고 먼 밤하늘의 외로운 향기
전설 같은 가족사를 새겨들으며
데킬라 밭이 취하듯 육각형 스텝
할리스코를 지나 노래하고 춤추다 부푼 발목

꿈꾸며 가는 시간의 행간
두렵거나 망설임 없이
매혹당하는 것에 거침없이 내어주는 은유의 신발짝

양고기들 풀빛 즙을 흘리는 언덕을 지나
연두 잎들 합창하는 올리브 행렬
미칠 듯 바람의 이파리 사이로

〈
뿌리째 흔들리며 끝없는 곳으로
이제야 들리는 참혹한 맨발의 울음소리
갈라져 부러진 발톱 다독인다

모든 비명과 아름다움은 다 네게로 가는 길이다

꽃을 펼치다

꽃이 떨어지는 소리
해독제 없는 노화의 선언문

꽃으로 남는 생존법을 베끼고 있다
흰 가운 앞에서 외마디 비명을 문지른다
필러와 스필러, 거울 속 노예의 비애

히향하는 바람 냄새
살아있다는 눈물겨운 난해의 밑줄 긋는다

내 바깥으로 걸어 나간 꽃들의 잔해
기다린 것은 이미 지나가 버린 것인지 모를 일이다

아직 장미의 허물을 벗어내지 못한 채
립스틱 덧바르는 밤들을 심는다

한 꽃이 지면 또 한 꽃이 피어날 테고
목이 길어진 그녀의 시간이 흘러가고 있다

초록 편지 1

너에게서 온 초록 편지가 궁서체이다

선이 맑고 곧은
탁본으로도 본뜰 수 없는 물방울무늬다

어제도 맑은 바람
네 이마를 스치며 머물다 가는 소리,

새벽이 오도록
별 냄새 맡으며 익혀 온
푸른 샘을 오래오래 다리는 소녀들

온 숲을 짜낸 즙으로
바깥에서 안으로 오는 길이 열린다

초록 편지 2

눈 시린 백자 속으로
밀려드는 연둣빛 파도

굳게 닫아걸어 둔 문고리
누가 다시 열어젖히는지

지그시 눌러둔
기기 미나민 사과 꽃 피는 소리
끝내 번져 나와 귓속에 닿는다

몇 억겁의 고요를 마신 후에
나는 너에게로 돌아갈 수 있을지

속눈썹 고요한 한나절이 풀리고 있다

내 몸의 야경

차가운 입맞춤의 메아리

내 안의 박제와 동침한
침대가 앓고 있다

일상이 되는 사막의 한가운데쯤

다다를 수 없는 경계에서
여전히 살아있는 것들

불가능한 향연의 지느러미

딩딩 우는 빈 술병
바람이 쓸쓸히 눕는다

좁은 방이 점점 기울어진다

변두리 다섯 발자국

오래전 천사는 떠났으므로
그 자리에 멈춰야 했던 한 소절의 노래
너를 찾으러 떠나는 기차는 먼저 가버렸다
당신은 알고 있었나요
지나간 시간의 디자인은 어디서 시작됐는지
진자줏빛 생의 직조물을 견뎌가는 너
그레고리오 성가 악보에도
에드워드 호퍼 손끝에서도 도무지 찾을 수 없다
빵부스러기와 물이 충분한
푸른빛 조롱에 갇힌 롤러카나리아
하루의 절반 그 나머지 전부
폴 엘뤼아르를 부른다
꿈꾸는 법을 잊은 다섯 발자국 깊이 패인다

별빛

너무 먼 곳을 주문했나 보다

춤추자고 말하고 싶었으나
너무 맵고 뜨거워 별을 삼킬 순 없다

모든 이들의 것이지만
그 누구의 것도 아닌 것이 있다

어느 고요한 순간
너의 눈빛을 읽을 수 있게 되었을 때
모든 비밀은 불에 타버린다

비로소
내려놓는 휴식을 선물로 건넨다

별은 몇 번이고 뒤돌아보며
둥근 능선의 초저녁 하늘로 날아갔다

글라디오라스

아 듀 ~ ㄹ
높은음자리 솔음에서 멈춰,
되도록 빠르게

혼자 추위에 떨며
파 음계보다 더 높은 음으로 발성한다

초록 머리통 어여쁜 신의 치디찬 검은 눈물
심장을 찌르던 비명

*봐니에서 만난
비단향 꽃보다 더 고운 아베의 어머니

다시 한 번
아듀 ~ ㄹ

입안의 뜨거운 차향 사라지기 전
있는 힘 다해 내려놓는 찻잔의 무게

♭
저도 모르게 바순의 시 플랫으로
아듀 ~ ㄹ

더 짧고, 빠르게 발음할 수 있기를

*성모 발현지

꼭, 진주처럼

하루 종일 바람 속에 서 있는 날이다

심장에 박힌 돌 하나

상처는 돋아들고
소리가 되지 못한 기침은 목울대에 다시 갇힌다

붉은 살 속을 떠나고 싶지 않은 흉터는
더 깊은 나선형의 통증 속으로 파고든다

제 윤곽을 잃고
검붉은 어둠에 박혀
가장 아픈 시간 속에서 익어가는 소리

더 단단해지고 싶은 것일까

심장은 다시 적막에 잠기고
시간을 견디는 힘은 빛날 것이다

〈
네 몸의 무수한 생채기를 감추고
어둡고 깊은 곳, 목숨하나 반짝인다

강물

그때는 따뜻해 질 것이라고

첫 페이지를 열면
금방 마지막 장이 되던 너의 시집처럼

오래된 고독의 순간을 넘기듯
저절로 흘러가고 있다

추운 목을 늘이고 서서
혹시 풀리지 못하고 그 자리에
홀로 서 있는 건 아닐까

아무도 듣지 않은 것처럼
시간을 견디는 탐부라 소리

밤을 아프게 하는
내 강물의 끝은 알 수 없어도

기다릴 수 없는 기다림이 남아있는
발목 부푼 시간을 건넌다

쉼보르스카

그 도시의 첫날부터 시작된 울음
아직 그치지 않는다

시가 찾아오는 발자국 소리 듣는 시간
울음이 다 닳도록 죽음을 연습했다

살아가는 이유가 팔을 올리면
이 울음 그치길 기다리는 것인지도 모를 불길한 예감

지금쯤
누군가 나 대신 울기 시작했으면 좋겠다

한 문장도
울지 않고는 씌어 지지 않던 이국의 밤

이 시 다 쓰고 나면
울음 그칠게요

절벽의 반어법

돌아올 수 있을까
낯선 도시 새벽 플랫폼
홀로 열차를 기다리는 시간

거기 네가 있을 거라던 작은 기도의 웅얼거림

생의 어느 지점쯤
너를 버렸는지 기억 없는 가을이 간다

이 가을 줄거리 읽어달라고 주문할 수 있는
악보가 있으면 좋겠다

나만의 방이 갖고 싶다고 쓰는 한밤중
등 뒤에서 들리던 단호한 문소리
마음의 문턱을 지나가는 흰 종이들의 한숨 소리

돌아갈 수 있다는 건
 살고 싶다는 뜻이라고 네게 말해주어도 좋았을 것이다

〈
단 한 번의 자유를 위해 아무것도 하지 못했다

열두 개 숫자의 매뉴얼에 갇힌 채
녹슨 일상이 쳇바퀴처럼 재깍거린다

잃어버린 너를 기억해내는 것보다
먼저 무릎 꺾고 허리 굽혔다

스스로 자라는 절벽이 내 안에 생겼다

여기, 오월인가요

아카시아 향기를 말하려 했던가요

쉼표처럼 고요한 목소리라고 생각했어요

봄밤이 어찌나 부드럽던지

당신이 날 사랑하는 줄 알았다니까요

단지 아. 카. 시. 아. 라고 발음했을 뿐인데

둥근 달이 대낮처럼 환한 때문이라고

육각형의 기억을 주머니에 넣기로 한다

3부

수국

우두커니 서 있는 여자

자작나무 살빛으로 희끗거리는
외눈박이 눈매가 낯익다

빈 성당 조배 중에
마주한 그 여자

혹, 손 내밀어 악수를 청할까

우물, 우물 하다가
그대로 스친다

삶이 제 것이 아닌 것을 알아버린 몇 겹의 얼굴

서로 모른 척 지나간다

지구의 다른 별

　탱자꽃 울타리로 넘어지고 말았다 차가운 초록가시에 찔린 붉은 핏방울이 증발하기도 전에 손끝에 닿을 수도 끝내 다가갈 수 없는 주소 한 장 건네받은 슬픔. 그때마다 부서진 틈새로 빛은 새어 나와 꿈은 자라고 있는 거라고 다독이는 손길을 믿었다 밤하늘의 별, 사막, 안개바다, 바람을 삼키는 입들 누구에게도 속할 수 없는 것들이 있다는 것. 차라리 멀고도 은은한 위로의 향기는 한약처럼 쓰고 내 안으로 쏟아지던 별빛 별들의 심장 소리를 듣다 보면 네가 사는 동네 외진 모퉁이 쓰러져가는 별의 마지막 순간에 가닿을 수 있길 바라던 사막의 물고기 새가 되지 못한 너의 눈은 빨갛다 사실 가장 가까운 것은 가장 먼 곳이었다 빛나는 모서리가 생기기 시작했다 결국 그 수많은 별빛 다 떨어뜨리고 말 거야 끝내 다른 별이 될 수 없었던 너를 위하여.

시집 사주는 남자

아침 기도 바치고
바흐도 들었는데

조용한 울음
밀려오는 쓰디쓴 담배 맛이다

오늘도 행복 하라는 당신의 인사말

쇼윈도 마네킹처럼 웃을게요
모두에게 평화를 빌면서

포장지는 화려하고 반짝거려요
당신의 차갑고 세련된 예절처럼

짝짝 손뼉 치며 흐느끼지 말아요

더 이상 밀려날 곳 없는 오늘을 견디면

내일 혹시 알아요?
실핏줄 후끈 달아오르는 시집 한 권
당신에게서 배달될지

보랏빛 저녁

요양병원 문을 닫고 나선다
너를 잊어버리지 말라고 다독이는 저녁

등 뒤에서 따라오는 검은 강물 소리

버스 안에서도 아침 찌개를 끓이는 순간에도
집요하게 떠날 줄 모른다

여린 귀를 갈고 있는 슬픔
겨드랑이에서 스멀거리는 골동품 냄새

내 이름 부르시는 어둔 강 건널 때
그 물소리 주인이 될 것이다

처음부터 생은 길고 긴 죽음이었다
지금 그 어디쯤 더듬거리고
체념 속에서 삶이 흘러가고 있다

처음은 처음을 잊어버리고

마지막은 그 끝을 알 수 없을 테지만

어둠 오기 전 보랏빛 적막
나를 찾아오고 있는 발자국 소리

비, 또는 안개바람

간장, 깍두기, 고추장 종지기들
저요! 저요! 남의 이름같이 부른다

잿빛 이불 깔린 침대거나
끼니마다 밥 짓는 슬픈 밥솥

원피스, 투피스, 바바리코트
붉은 립스틱, 휴대용 손거울 같은

아, 한 번도 예뻐 본 적 없는 여자가 부르는 노래

아버지의 어린 강아지
파출부, 간호사, 여비서, 보모
나 없이 살아지는 하루의 시어들

복제당한 소설 여자 조연 배우
공연 끝나고 서서히 내려오는 검은 커튼의 행간

실종신고를 묻는 날이 한 페이지다

보성 여관[*]

흰 문풍지 사각 유리창 하늘이 드러나는
백 살 다 된 석류나무가 희게 웃는다

대청마루 반들반들 잘 닦아 놓은 집
다다미방 옛날처럼 고슬고슬하다

태백산맥 몇 페이지쯤 머무르는
여기,
아버지 앓던 6,25 살고 있다

대낮에 저 캄캄한 불 밝히는 아픔
허리 두 동강 난 사람들

뒷담 너머 초등학교 체육시간
아이들 떠드는 소리 내 유년을 흔든다

댓돌 위 흰 고무신 반듯한데

당신의 허름한 어깨가 우두커니
한낮의 적요에 잠긴다

*벌교

내가 없는 다음 날에

알고 보니
2분의 2박자 빠른 춤이다

활짝 뜨는 온몸의 전율
소용돌이치는 물결의 리토르넬로

눈멀었던 진홍빛 난장
아름다움으로 가는 모든 길이다

기어코
찾아와 준 고마운 순간들 잊지 않을게

어젯밤 춤의 향기가 사라지기 전에
어둠의 한쪽이 열리고
내가 떠날 시간이 흔들리기 시작한다

다시 한 번 배고픈 캉캉 춤을
그건 거울을 깨뜨려 껍질을 벗겨내는 일

〈
메아리처럼 남아있는 해묵은 진실은
너무 많이 울었다는 것

머리를 자르고
내가 내 밖으로 걸어 나가는
열한 번 더 고요한 적막을 듣는다

춥고 높은 발음

느닷없이 산딸나무 꽃이 핀다
속가슴 중심에서만 피어난다는 전설

신과 인간의 중간지대
에일리언 커버넌트 숲의 비명

바다에도 쓸 수 있었던 기도의 되돌이표

멀고 먼 울티마툴레
때 묻고 부끄러운 팔 너무 짧아 닿을 수 없다

침묵 그 너머에 있던 고해성사
끊임없이 내려놓는 연습 있을 뿐

차마 부서지지 못한 추운 영혼
우체통에 쏟아 넣은 금요일 저녁

내 문장에 다시 찍을 고유명사 하나 배달된다

산딸나무 꽃이 지고 있다

일곱 번의 욕처럼

겨울 하늘 뚫고 있는 저 붉은 해골 표지판

사방으로 둘러싸인 회색 철조망
손을 뻗으면 딱딱하고 검은 벽에 부딪친다

횡격막 경계를 넘는다
가슴, 뇌 어디쯤에서 살고 있었니

숨죽인 일상들
가로 세로 넓이가 동일한 관이었을까
닫을 수도 열 수도 없다

뜨거운 투신을 요구하는 끓어오르는 용광로
잔혹한 욕망은 정적에 잠긴다

제도와 인습으로 단정하게 모은 입술 근육
너의 눈물은 다 어디로 갈까

내 안으로 지고 있는 해
일곱 번의 욕처럼 간신히 붙잡는다

촛불 한 채

못 박히는 소리
시의 목소리인 줄 그때는 몰랐다

생의 한쪽 귀퉁이에서부터
아득하게 떨려오던 신음들

별 냄새 부서지는 밤이면
심장에 박히는 깨끗한 소리가 났다

참을 수 없게
나오는 길을 더듬거리는 모음들
내 속의 나보다 더 바깥을 두리번거린다

어둠 속에서 잘 뽑히지 않은 못은
엇박자로 울어대는 브리콜라쥬

아무리 다쳐도 붉은 흉터 속
더 맑게 울려오는 정갈한 멜로디의 빛깔

아직 켜보지 못한 詩 내 안에 살고 있어
그 어린 빛 간직하고 싶은 것이다

사하라에 뜨는 별

사하라에 가고 싶다
내 별은 사하라 밤하늘에서만 뜬다

그리운 것들은 창밖으로 길을 부른다

덧없음과 영원 사이로 흘러든 순간
뜨겁게 구르는 무릎뼈의 전율

마음은 나부끼는 깃발
커다랗고 축축한 검은 눈의 낙타는 잘 있겠지

바람 냄새 섞인 한 악절의 휘파람
멀고 먼 곳으로 가는 발이 녹는다

광야는 너무 깊어 눈이 아프다
다가가면 부서지거나 흩어져버린다

낙타처럼 울던 두 발 마지막 길 끊길 때

다시 돌아올 수 없는 강물냄새 나는 사람
사막의 별 하나 본다

은백양 숲으로 가는 길

흰 겨울 숲으로 KTX 타고 함께 갈 수 있나요?

밤하늘이 지퍼를 열어주길 기대하면서
화포 간이역에서 뜨거운 커피를 마시겠어요

기다린다는 건
온몸이 꽉 차 반짝이고 싶은 것
그때 은빛 손거울에서 작은 기도 소리 들려요

그거 아세요
촛농을 떨어뜨리며 슬픔을 견디는 이유

눈이 멀 것 같은 목요일 돌아오면

기차역 맴돌다
처음 죄지은 것처럼 어깨 수그리는
차고 먼 겨울 저녁 있어요

가을

모시 빛깔
부서져 내린

빈 들녘
다시 한 번 울어주었다

방금
짧은 쉼표 하나가
마음 밭을 지나갔다

얼음과자 막대를 물고

짝짝이 발로 춤추다 보면
땡볕 한나절
저도 모르게 줄줄 흘러내리는

땅에 떨어뜨리지 않으려 필사적으로
핥아대는 순간들

펄펄 끓어오르는 미열
빨간 상처, 침묵에서 노래까지

뜨거움을 견디고 있던 얼음과자
투명하게 다 드러내고 있는 오후

빈 막대기 입에 물고
통증처럼 차고 맑은 과자의 기억

다디단 밀주의 순간
증발했거나 흘러내렸거나
담배연기가 되어 울음보 구름 속으로

4부

과달라하라*

엎질러진 들녘
양고기 향 가득하다

몸을 반쯤 열어젖힌 황금빛 과일

저절로 피어나는 수만 송이 꽃보다
더 예쁜 라벤다 향기 수혈하는 오후

먼 이역 추운 나라에서 돌아와 피곤한 당신
언 발을 풀고

시끄러운 풀밭
악보도 없이 물결치는 멜로디

거기,
그곳에서 가져온 당신의 서툰 시집
잠자리날개의 은빛 무늬가 된다

*멕시코 도시

단풍잎 연도*

가장 깊은 곳에서
화려한 이파리를 읽어 주소서

붉어진다는 것은 나뭇잎의 울음일 것이다

작은 손가락 떨며 떨어지는 아기 단풍잎
선혈, 한 방울씩 흘러내린다

슬픔도 장미처럼 지나갈 거라던
진노란 셔츠 입은 말기 암 아버지

저 캄캄한 세계의 끝
날카로운 금을 긋고 떨어진다

당신이 한사코 피워내고 싶었던 것은 무엇이었을까

흔들릴 때마다 붙잡아 주던
무너지는 모든 것들을 위하여
빌어 주소서

*죽은 이를 위한 미사

수선 집 여자

백년처럼 수그린 뒷덜미
엘가의 아베마리아

옆구리 터진 빛바랜 잠바
먼지 날리는 오후, 햇살 비스듬하다

바람에 휘날리며 날아다닌 시간들이 다 모였다

허름한 시간을 뚫는 지루함
누추하게 흩어진 몸을 뒤척이며
구겨진 것들은 기지개를 켜고 일어선다

한 땀, 한 땀 상처를 깁는 은빛 바늘의 아름다움
깊게 패인 아픔이 수선되고 있다

누군가의 마음을 만진다는 것
폐기하고 싶은 무수한 어제들이 성녀의 두 손안에
마른 몸을 털고 따뜻해진다

다시 깃을 세우고
반듯한 다리미 길을 따라 나선다

낯선 여인숙에서 하룻밤

어쩌다 뜯어 본 주소불명 편지 같은
저녁을 묵는다

로얄엘버트 접시, 샤넬 백,
붕붕거리는 벤츠의 엔진, 빳빳한 명함
빈 드럼통처럼 퉁퉁 시끄럽게 울리는 방망이의 질주
이 길 끝에서 몇 발의 총성이 울린다

나,
나, 나, 뚜껑을 열면 커다란 기계에 접속되는
작은 부품의 한숨소리
어둔 커튼 속 무너져 내리는 비애
꽉 짜인 맞춤 틀 속에 박힌 똑같은 가사의 후렴

무너진 세계의 안쪽에선
기억하기도 전에 증발해버리는 것들이 있다

낡은 외투는 깃발처럼 펄럭이고
빗방울 떨어지기 시작한다

〈
수 없이 많은 사람들이 잠들었을 안개 속
때 묻은 베개에 머리를 누인다

골고다

소리가 되지 못한 비명을 삼킨다

으스러진 어깨 뼈
무거운 돌덩어리 하나 올려놓는 손

꽝 꽝 울려오는 못 박히는 소리
흔들리는 온몸의 촉수

물음표 밑에 깔린 피의 흔적을 읽어가다 보면
하필 너밖에 없었나 보다

찢어진 하늘에 매달려
반짝이며 정확히 찌르던 칼날

너를 위해 견뎌줄 사람 없던 그 긴 여름

먼 곳으로부터 귀가 먹먹해져 오는 날
나는 아. 프. 다.

2020 사순

1

나의 누이 지구가 앓고 있다

멀고 가까운 곳에서 들려오는 숨죽인 신음
누이의 속살에서부터 표면까지 퍼져가는 균열

입을 벌리면 죄가 쏟아진다
상처는 바이러스처럼 전염성이 강했다

목숨 줄 같은 한나절의 기다림 끝
생명선 두 장 손에 쥔다
무늬가 삭제된 혀들이 갇힌다

마스크 쓰고 나서 씌어지는 영혼의 일기
기도 없는 입술의 소란스러움
침묵 피정으로 갈 수 있을지 의문 부호 찍는다

2

수상한 시간들이 몰려오고 있다

〈

은밀한 어둠 속
늑대와 이리들 신의 옷을 걸친다
키득거리며 어린양들을 살육한다
입술로 걱정하고 분노하지 않는 비극의 날들

어둠에 휩싸인 공동의 집
보이지도 만질 수도 없는 정체불명의 적군
허공에 발길질하는 매스컴

정지된 시간
떡 방앗간과 학교와 터미널이 제자리에 멈춰있다

3

최초의 플라스틱 컵
아주 잠깐 패스트푸드 접시에 앉아
누이의 몸속 어딘가로 갔다

자연분해 기다리는 오백년 오기도 전에
연신 끝도 없이 쌓여가는 폐기물

포개진 집착적 소비주의 파편
당신도 나도 소모품으로 강박한다
누이의 신음소리 귀를 막는다

4

그 옛날 정결의식처럼
손톱 밑에 엉겨 붙은
악한 습성을 문지르기 시작한다

누군가
어느 해보다 더 순정한 마음으로

스스로에게 재를 뿌리며
머리를 낮추고 사순의 깊은 터널을 뚫고 있다

에스티 로더

가득한 당신을 쥐어준 손

캄캄한 밤
예쁘게 바르고 잠들고 싶은

모든 음악이 나를 안아주는 순간
습관처럼 지그시 누르는 기쁨

시와 레가 흘러내리는 건반
무작정 뒤바뀌는 컴퓨터 문자

비밀문서처럼 열리는 마음의 바깥

깊숙이 묻어둔 향기 새어 나갈까
여태껏 풀어보지 못한 당신

화장대 파수꾼으로 남아
자꾸 자라날 것이다

어여쁜 신

온통 붉어져 번져만 간다
죄의 냄새는 달고 죽을 만큼 먹고 싶은
하필이면 독침을 열망했을까
순간을 위해 영원을 맞바꾸고 싶은 전율
도망가려던 마음의 폭풍 속에 흐르던 뜨거움
비명으로 일어나는 한밤중
물린 뒤꿈치에서 흐르는 피
뿜어 나오는 맹독성
사이렌이 퍼진다
소낙비에 엎드리는 진홍가슴새 한 마리
네가 보낸 크리스마스 선물상자를 풀면
초록머리통 어여쁜 뱀
악마에게서 진화된 슬픈 짐승 한 마리

백색 순교자

란타나 꽃씨를 호주머니에 넣어두고 모른 척한다

솟구쳐 오르는 푸른 잎사귀들
칼집 열고 향기 뿜으며 돋아난다

자른다, 잘라버린다
빨간 피로 흥건해진 일본산 가위

매일 멀미를 견디며 무사하기를
온 마음을 다 써버리고 나면
결국 마지막 목적지가 되고 말던 란타나

캄캄한 울음의 저쪽
바다보다 더 먼 길을 열고

살아있고 싶어
수많은 은빛 순간들을 죽인다

멀리, 아주 멀리까지 가지 않는다

〈
검은 수의를 입는다
고해의 향기처럼 죽음의 완성을 기록한다

두 번 죽는 여자

엊그제 배달된 당신의 부음

무수히 들이대던 칼날의 순간들
자르고 잘라도 돋아나던

불꽃을 기억한다
네 안의 아프고도 격렬한, 숨

시간에 폭행당한 늦가을 정원
꽃이 지는 시간을 들여다본다
이미 잊혔으리라 흔적도 없이

마음 다 쏟아 치르는 장례식
중력은 꽃들을 살해해야 한다는 걸
어떻게 알았는지 궁금하다

천국의 언어로 반짝이던 너의 입술
어디쯤에서 블랙홀은 시작되고 말았을까

〈
남아있는 극본의 마지막 몇 줄

누설하지 못한 보톡스의 은밀함
보름 지나면 검은 헤나 또 덧칠할 것이다

지난밤 붉게 울다간 당신

어린 봄날을 훔쳐
꽃보다 더 향기로워지고 싶은 거다

돌 위를 맨발로 걷다

오랫동안 지도에 없는 길을 걸었다

내 안의 한가운데
표창으로 부서지던 파열음

돌이 숨죽이며 우는 소리
멀고 먼 세계의 끝에 서서 듣는다

스테인리스 바리게이트의 차가움
뜨거움 감추려는 흔적을 만진다

세 묶음 천 개의 날들
후미진 골방 서랍 속 엎드린다

눈물 없이 피어나지 않는 고요한 시

캄브리아기의 시간을 뚫고
어둡고 축축한 기다림을 구술한다

〈
가시에 찔린 알로에 꽃
백년에 한 번은 핀다고 했다

부서진 기둥*

묵은 먼지 털어내는
천년의 박물관이 부스스 눈뜨는

멕시코, 멕시코 끓어오르는 마그마
아침 식탁 메뉴에 앉아있는 노래들
늦잠에서 깨어나도 상스럽지 않은 나라

눈 뜨면 자신의 이미지만 남았던
작은 상처들의 프리다 칼로 찾으러 간다

엄지와 중지 트릭 울리며
짝짝이 발로 스텝을 밟는다

빨간 립스틱, 넥타이 남장
섹스 없는 칼로의 결혼은 간데없고
몇 개의 상처만 남아있다

기둥에 묶인 채 피를 흘린다
또 누군가 이 순간 삶을 견디어 내고 있다

〈
오카리나 음률이 **산 엔젤 허리를 비트는 동안
꽃이 열리는 커다란 소리

분노보다 더 강한 사랑
페미니즘 우상이 마음에서 찢어진다

*프리디 칼로 그림
** 멕시코시티 도로명

남 요셉* 신부님 추모 시

"세상을 위해 경건한 삶을 살다간 이들의
고요한 에너지를 느끼며"

당신은 남아메리카에서 태어났습니다

저 캄캄한 세기를 향하여
부르심에 순명한 생명의 피, 라고 불러봅니다

머나먼 이국땅
아시아의 변두리 야윈 골목길 닿을 때

가늘고 먼 울음소리
심장을 쪼개듯 작은 별 한 톨 심고 싶은
순은의 간절한 마음

겸허히 나를 바치는 유순한 기도소리
무장무장 빛나는 별이 되었습니다

오늘을 견뎌내는 누군가의 깊은 곳
작은 은빛으로 떨리던 당신

〈
서 있는 곳 천 리 길 모래사막이지만
누군가를 위하여 울어 줄 그 한 사람이었지요

한 생을 다하여 하늘만 우러르다
눈 맑은 당신 생애의 페이지 펼치면
별빛 씨앗들 무더기로 쏟아져 내리고 있어요

*과달루페 외방선교 사제

11월

어쩌다 발견한 세로줄 가을
줄줄이 읽어 내려가는 중입니다

단풍나무 그리고 싶지만
이렇게 어려운 줄 이제 압니다

나를 읽고 쓰는 일 더욱 그렇습니다

이제 11월 되었으니
나는 아주 조금 남아있다는 생각입니다

■□ 해설

정주한 자의 슬픔

김정수(시인)

1

　2020년 계간 『시산맥』으로 작품활동을 시작한 이영은 시인의 첫 시집 『심장에 박힌 혀』는 작용과 반작용, 수용과 거절, 혹은 용서라는 물리학적·미학적 명제를 담고 있다. 뉴턴에 의하면 "모든 작용에는 크기가 같고 방향이 반대인 반작용이 항상 존재한다. 즉 두 물체가 서로에게 미치는 힘은 항상 크기가 같고 방향이 반대이다." 벽을 향해 공을 던지는 힘이 작용이라면 벽에 맞고 되돌아오는 힘이 반작용이다.
　내가 거울 앞서 서 있다고 가정해보자. 내가 웃으면 거울 속의 나도 따라 웃고, 내가 얼굴을 찡그리면 거울 속의 나도 얼굴을 찡그린다. 이처럼 내가 어떤 표정을 짓느냐에 따라 거울 속의 내 모습은 달라진다. 나를 결정하는 것은

'거울 속의 나'가 아니라 '거울 밖의 나'이다. 거울 속의 나는 내 분신과도 같지만, 거울이 주체가 될 때도 거울 속의 나는 주체가 아닌 객체로 존재한다. 거울 속의 분신은 내 감정이나 표정에 따라 형태를 달리하는 성질을 지니고 있다. 우리가 사는 세상도 거울과 같다. 내가 어떤 표정을 짓느냐에 따라 세상의 표정이 결정된다. 내가 세상을 향해 분노하고 있다면 세상도 나를 향해 분노하고, 내가 웃는 모습을 보여준다면 세상도 같이 웃는다. 이것이 '거울의 법칙', 즉 '작용과 반작용의 법칙'이다.

사람들과의 관계에서 일방적인 것은 없다. 내가 타자에게 상처를 입혔다면 그 상처는 반작용에 의해 고스란히 나에게로 되돌아온다. 반대로 타자가 나에게 상처를 주었다면 나에게서 되돌아간 상처가 타자에게 타격을 준다. 하지만 이 경우 타자를 타격한 상처는 다시 나에게 되돌아온다. 작용과 반작용이 일회성으로 그치는 게 아니기 때문이다. 곁으로 보기에 아무렇지 않은 것 같더라도 내적으로는 상처를 입는다. 이것이 반복되면 축적된 에너지가 화산처럼 한꺼번에 폭발한다. 작용을 부드럽게 수용하면 반발력이 약화되지만, 이를 거절하면 반작용은 작용한 만큼 되돌아온다. 공의 세기에 따라 당연히 반작용의 강도도 달라진다. 내 상처가 크다면 그만큼 내 주변의 타자에 미치는 영향도 커진다. 공을 어디에 던지느냐에 따라 반작용은 강도를 달리한다. 즉 그물에 공을 힘껏 던져도 공은 던진 자리로 되돌아오지 않지만, 벽돌담에 공을 던지면 던진 힘만큼 되돌아온다. 전자는 수용, 후자는 거절이라 할 수 있다. 타자에 의한 상처를 거절하기보다 유연하게 수용(흡수)할 때 타자에게 되돌아가는 상처는 미미해진다. 이럴 경우 반작용의 재미가 없어지므로 차츰 사라지는 것이 작용의 속성이다. 자아에 의한 타자의 상처도 이와 다르지 않다.

하지만 자아의 작용과 이에 따른 반작용은 자아뿐 아니라 타자에까지 상처를 준다. 자아와 타자에 대한 거절이 심하면 심할수록 자아의 상처는 치명적일 수밖에 없다. 이때 혼자 수용할 수 없는 상태에 빠지면 동굴 혹은 "나만의 방"(이하 「절벽의 반어법」)에 들어가 문을 닫아걸고 침묵하거나 "스스로 자라는 절벽이 내 안에 생"겨나기도 한다. 절벽 끝에선 무수히 작용과 반작용이 갈등한다. 그러다가 겨우 세상 속으로 "돌아갈 수 있다는" 마음이 드는 것은 "살고 싶다는 뜻"이다. "더 이상 밀려날 곳 없는 오늘을 견"(이하 「시집 사주는 남자」)뎌야 비로소 도달할 수 있는 지점이 '용서'다. 용서는 작용과 반작용, 거절이 없는 고요의 세상이다. 어떤 힘도 미치지 않는, 멈춘 공의 상태라 할 수 있다. 그 지점은 고지대가 아닌 "조용한 울음", "오늘도 행복", "모두에게 평화", "손뼉 치며 흐느끼"

는 저지대다. 캄캄한 동굴이나 절벽에서 벗어나 "심장에 박힌 별"(「한순간, 심비디움」)을 빼며 저지대에서 부르는 노래가 이영은의 시라 할 수 있다.

2

작용과 반작용이라는 물리학의 법칙이 느닷없을 수도 있겠지만 이영은의 시는 자아와 타자, 혹은 자아와 자아 사이에서 갈등하면서 사람들과 관계를 맺고 있다. 시인은 고요히 침묵하며 살고자 하지만 세상은 시인을 그냥 내버려 두질 않는다. 느닷없이 "비밀문서처럼 열리는 마음의 바깥"(「에스티 로더」)에 서 있거나 "떠나고 싶은 건 나지만/ 기차를 타는 건 너의 긴 머리카락"(「귀가」)과 같은 독특한 경험하기도 한다. 자아의 의지와 상관없이 타자와 세상과의 관계에 놓인 상처는 깊어지고, 때론 내 속을 들여다보며 "늦은 봄처럼 아프"(「새」)고, 슬픔은 "늘 펄럭"(「발음 연습」)인다.

결국 "자꾸 밀리고 멀어져/ 절벽을 보고"(이하 「누구나 한 번은」)야 만다. "이 별에서 내리는 날", 즉 죽는 그 순간 "춥지 않았으면 좋겠다"는 소망을 드러내기도 한다. "가난하고 쓸쓸한 날/ 더 이상 외울 기도문도 없"는 절박한 순간에 이영은의 시는 태어난다. 거울 앞에서 어떤 표정을 지을지는 전적으로 시인의 마음에 달려 있다. 그 순간부터 "붉은빛 감정이 아니라/ 진실의 흰빛을 찾으러"(이하 「거울 속의 거울」) 떠난다.

    소리는 늘 던져져야 했다
    ㅔ, 발음 입 모양으로 웃어야 할 때
    ㅏ, 발음 입 모양으로 몸을 비튼다

    아주 오래전
    너는 우는 법을 잊어버렸다

    여름 장날 턱턱 숨 막히던
    까까머리 땡볕 아래 온종일 기다렸다

    그 붉은 숯덩어리 숨어버리고
    들이닥친 검은 어둠

    엄마는 오지 않는다
    가슴에 꽂힌 수건에서 젖 냄새가 난다

    어둠에 묻히는 발끝을 모아 세우고
    끝도 없이 들여다보는 달력의 빨간 날들

기다림의 체벌은 끝나지 않는다
돌아갈 여비 없는 자투리 삶이 너덜거린다

한번쯤 칭얼대고 싶다
우두커니, 어 엄, 아, 아. 아

- 「말더듬이」 전문

너는 어디로부터 왔는지

내게 진입한 순간을 붙잡아
함께 숨 쉬고 하나가 된다

이 세상 울음소리
다 네 울음으로 들리던 순간들

힘들게 허물 벗은 껍데기는 몇 번째인지

새롭게 다가오는 것들은
살아 튀어 오르는 음표를 달고
금빛 영롱한 날개를 젓는다

네가 앓고 있는 동경은 무엇인지

가장 아름다운 것은
아직 살아보지 않은 날들이 있다는 것

네 안의 순결과 야수의 밤들
얼룩진 푸른 멀미의 긴 날들을 지나

어느 한순간
정면으로 부딪치는 네 안의 나
또 다른 합일의 시간에 도달할 수 있기를

- 「딸아, 너는」 전문

  이영은의 시에서 거울은 내면의 심리상태를 밖으로 표출하는 장치라 할 수 있다. 윤동주의 시 「참회록」에서 보듯, 거울은 나를 바라보는 것 그 너머의 오래된 상처나 고통, 삶의 성찰을 밖으로 드러내는 매개체다. 거울은 누군가와 나눌 수 있는 것이 아닌 혼자만의 대화이므로 주변과 나눌 수 없다. 그런 면에서 거울은 독점적인 성격을 지니고 있다. 거울을 공유할 수 있는 유일한 대상은 어머니다. 하지만 그것도 유년에 한정된다. 공유하던 거울을 독점하는 순간 비밀과 고독과 어둠 한 자락이 몸에 들어앉는다. 더 이상 거울은 미적 탐구의 사물이 아닌 자화상의 도구가 된다. 거울 앞에서의 소리는 작아지고, "웃어야 할 때" 웃지 못하고, 마음을 숨긴다. 엄마가 올 수 없는 상황에서 '거울보기'는 내 몸에 "검은 어둠"을 들이는 것과 다르지 않다. "끝도 없이 들여다보는 달력의 빨간 날들"만큼 거울을 볼 때마다 "검은 어둠"이 얼굴에 드러난다. 엄마의 부재는 "우는 법을 잊어버"릴 만큼 시인을 강하게 했지만, 내면의 슬픔은 더 깊어진다. "자투리 삶"마저 너덜거린다고 느낄 때마다 엄마에게 기대고 싶지만, 엄마는 곁에 없다. "고사리 같은 손으로 그리움 지문"을 찍을 만큼 엄마의 부재는 오래되었다.

 "오랫동안 지도에 없는 길"(「돌 위를 맨발로 걷다」)을 걷던 시인은 문득 "어린 봄날을 훔쳐/ 꽃보다 더 향기로워지고 싶"(「두 번 죽는 여자」)다는 생각을 한다. "한 세계가 무녀"(이하 「어머, 꽃이 피었네」)면 "또 다른 진입"이 시작된다. 하지만 원하는 것은 쉽게 찾아오지 않는다. 몇 번째인지 모를 "붉다/ 아프다"를 경험하고서야 비로소 "힘들게 허물"을 벗는다. "어디서 왔는지" 모를 네가 "내게 진입하는 순간" 너와 나는 "함께 숨 쉬"며 하나가 되고, 딸이 태어난다. 시인은 딸에게 "전설 같은 가족사"(「잃어버린 신발」)나 엄마의 부재 대신 "금빛 영롱한 날개"를 물려주리라 다짐한다. 딸이 거울 속에서 "검은 어둠"을 보게 할 수는 없기에 "자기 그림자를 차츰차츰 비워"(이하 「새」)간다. 이것이 결국 "기어코 살"아야만 했던 "숙제 같은 게" 아닐까.

  딸에게는 "아직 살아보지 않은 날들이 있"기에 그 삶을 지켜보며 도와주지만, 딸의 인생은 딸만의 것이 아닌 시인이 가보지 못한 길이기도 하다. '순결'(수용)이 아닌 '야수'(거절)로서의 삶을, "또 다른 합일의 시간"인 용서에 도달할 수 있는 그런 삶을. 딸은 시인의 거울이기도 하다. 딸의 탄생과 성장을 지켜보는 엄마의 마음과 엄마는 죽어 "꽃이 되었을"(「목단」) 것이란 상상, 그리고 "하느님의 어머니가/ 저의 어머니"(「오보에 1」)라는 신앙과 음악에의 몰입은 이영은 시의 모티브이면서 시인을 지탱해주는 힘이다.

3

  이영은의 시에서 음악(악기)은 거울과 마찬가지로 내적 심리상태를 외부로 표출하는 역할을 한다. 특히 「오보에」 연작시는 오보에라는 악기에 시인의 마음을 투사하여 절절하게 표현하고 있다. 「오보에 1」은 "길고 무겁던 신음"을 낼 때마다 "부르지도 않아도 달려와 주"신 "하느님의 어머니"에 대한 신앙고백을, 「오보에 2」는 "지상으로 떨어지고 싶어 하는" 별(어머니)을 통해 슬픔과 고독한 시쓰기를, 「오보에 3」은 악기의 의인화를 통해 사랑과 삶의 소중함을 시적으로 형상화하고 있다.

  오보에(oboe)는 원뿔꼴 관과 두 개의 리드로 되어 고음을 내는 검은 목관 악기다. 사전에 의하면 아름답고 부드러운 음색이 특징이며, 실내악이나 관현악 따위에 널리 쓰인다. 음률이 안정되어 합주할 때 기준 음이 된다고 한다. 오보에는 영혼을 앗아간다는 이유로 중세 교회에서 추방됐다고 한다. 애절하면서도 아름다운 음색이 종교의 신성성을 해친다는 것이다. 오보에의 "맑고 깨끗한 소리가" 슬픔의 절정을 표현하는 데 적합하다는 것이다. 또한 오보에는 교향악단의 전체 음을 조율한다. 모든 악기의 기본 음을 맞춰야 연주 시 불협화음을 방지할 수 있는데, 오보에가 그 역할을 담당한다. 그만큼 오보에가 예민한 음색을 지니고 있다는 말이다.

    슬픔도 익으면 맑고 깨끗한 소리가 난다

    그땐 몰랐다
    별은 얼마나 지상으로 떨어지고 싶어 하는지

겨울이 잘 보이는 마지막 시간 올 때

세계의 가장 외진 곳

보잘것없는 시 한 줄에 새겨진
별의 문양에 입맞춤하리라

−「오보에 2」 전문

어젯밤 내내 당신의 혀를 만졌다

첫 문장 마음 깨지고
아홉 번째 행간에서 손가락 베인다

당신이 열어둔 문 틈새 숨어있는
두 손 지르는 비명 듣는다
그 순간 분홍빛 뺨과 내밀한 숨소리
살빛 냄새 맡고 껴안으며 눈 맞추고 싶다

단어들은
읽어주는 당신을 원하지 않는다
오래오래 느껴주기를 기다리는 두 귀의 고요함

지금을 견디어도 같은 순간이 다시 올 뿐
서 있어야 할 곳 자기 가슴뿐인 사람

산다는 것을 견디는 유일한 불빛
다 부르고 나면 문장에 찍힌 음표들이 대신 울겠지

육십 페이지 안에 꽉 들어찬 당신의 입술을 만지는 기쁨
거침없이 당신 속으로 들어갈 수 있어
밤이 따뜻해졌다

― 「오보에 3」 전문

「오보에 2」에서 "세계의 가장 외진 곳"은 앞서 언급한 '절벽 끝'과 닿아 있다. "겨울이 잘 보이는 마지막 시간"에서 시인을 다시 봄으로 끌어낸 것은 신앙과 음악과 시라 할 수 있다. 시집 전반에 깔려 있는 신앙 이외에 「어머, 꽃이 피었네」, 「발음 연습」, 「쉼보르스카」, 「시집 사주는 남자」, 「춥고 높은 발음」, 「촛불 한 채」, 「과달라하라」, 「11월」 등의 시에서 느낄 수 있듯, 음악과 시(문장)는 내 "마음밭을 지나"(이하 가을)가는 "짧은 쉼표"이면서 구원의 손길로 작용하고 있다.

「오보에 3」의 시적 화자는 악기 오보에지만 당신의 "육십 페이지", 즉 육십 평생을 읽어내는 독특한 방식을 차용하고 있다. "어젯밤 내내 당신의 혀를 만졌다"는 것은 밤새 오보에를 불었다기보다 리드를 만들었다는 것이다. 오보에 연주에 중요한 것은 리드 제작기술과 리드를 입술과 입으로 조절하는 기법이다. 대부분 전문 연주자들은 스스로 리드를 만들어 사용한다. 악기의 취주구와 공기 압력을 세밀하게 조절함으로써 연주자는 풍부한 음색의 역동적인 소리를 낼 수 있다. 오보에 연주는 삶을 연주하는 것이다. 태어나는 순간부터 "마음 깨지고", 아홉 살이 되었을 때 몸에 상처를 입는다. 상처와 비명으로 시작했지만, 화자와 당신은 합일에 이른다. "오래오래" "두 귀의 고요함"을 느낀다. "지금을 견디어도 같은 순간이 다시 올" 것을 알기 때문에 거절하지 않고 수용한 결과다. "거침없이 당신 속으로 들어갈 수 있"는 덕분에 "밤이 따스해"진다.

4

시인은 "꽃과 별을 위하여/ 마음에 모여든 수천 개의 물방울을 위하여/ 어둠 속에 심어둔 오보에를 깨트린다"(「시인의 말」)고 했다. 이영은의 시에서 신앙과 음악과 시가 시집 전반을 지배하는 정신의 영역이라면 꽃과 별과 물방울은 이를 지탱해주는 현상의 영역이라 할 수 있다. 일찍 곁을 떠난 엄마처럼 꽃이나 별이나 소유할 수 없다. 하여 "가장 가까운 것은 가장 먼 곳"(「지구의 다른 별」)이라는 깨달음과 "처음부터 생은 길고 긴 죽음"(「보랏빛 저녁」)이라는 체념이 더 가슴 아프게 다가온다. 그럼에도 꽃과 별에 마음을 기댈 수밖에 없는 것은 내가 어둠 속에서 문을 열고 나가지 않아도 스스로 다가와 문을 열어주기 때문이다. 초록(자연)으로 대표되는 봄도 밖에서 스스로 찾아와 마음의 문을 열어주는 것 중 하나라 할 수 있다.

너에게서 온 초록 편지가 궁서체이다

선이 맑고 곧은
탁본으로도 본뜰 수 없는 물방울무늬다

어제도 맑은 바람
네 이마를 스치며 머물다 가는 소리,

새벽이 오도록
별 냄새 맡으며 익혀 온
푸른 샘을 오래오래 다리는 소녀들

온 숲을 짜낸 즙으로
바깥에서 안으로 오는 길이 열린다

－「초록 편지 1」 전문

눈 시린 백자 속으로
밀려드는 연둣빛 파도

굳게 닫아걸어 둔 문고리
누가 다시 열어젖히는지

지그시 눌러둔
거기 머나먼 사과 꽃 피는 소리
끝내 번져 나와 귓속에 닿는다

몇 억겁의 고요를 마신 후에
나는 너에게로 돌아갈 수 있을지

속눈썹 고요한 한나절이 풀리고 있다

－「초록 편지 2」 전문

오래된 상처와 슬픔의 기저에는 엄마에 대한 그리움이 자리하고 있는데, 때로 꽃과 별은 엄마의 자리를 대신하기도 한다. 특히 해체되어 "다시 돌아오지 않"(「꽃 타래들이 흔들린다」)는, 꽃이 된 엄마는 "신과 인간의 중간지대"(「춥고 높은 발음」)에 머문다. 개화의 순간을 노래한 "밤새 끙끙 앓던/ 폭발하는 우주의 굉음"(「어머, 꽃이 피었네」)도 탄생의 신비로 끌어올리고 있지만, 결국 하늘과 땅 사이에 머물다 찾아온 엄마를 연상시킨다.

별빛은 맑은 날이면 늘 지상에 내려오지만, "그 누구의 것도 아닌"(이하 「별빛」) "모든 이들의 것"이라는 점에서 꽃보다 애틋하지는 않다. "선이 맑고 곧은" 물방울은 "마음에 모여든" 그리움이다. "탁본으로도 본뜰 수 없"는 무늬지만 그리움은 더 깊어져 "푸른 샘"이 되고, 길이 된다. 그 길은 자아의 의지와 상관없이 자연적으로 열린다. 안에서 열어주지 않아도 저절로 열리는 길인지라 "굳게 닫아걸어 둔 문고리"조차 스스로 풀린다. 초록에 이어 "사과 꽃 피는 소리/ 끝내 번져 나와 귓속에 닿"자 마음이 고요해진다. 거절조차 없는 화해와 용서의 시간이다.

5

이영은의 시의 핵심은 '정주한 자의 슬픔'이다. 떠남이

적극적 거절이라면 머묾은 소극적 수용이라 할 수 있다. 시인이 떠남보다 머묾을 선택한 것은 너무 일찍 곁을 떠난 사람에 대한 원망과 그리움 그리고 세상에 대한 두려움이 상존하기 때문일 것이다. 시인은 스스로 문을 닫고 어둠 속이나 절벽에 머물며 "심장에 박힌 돌 하나"를 빼내며 상처를 치유한다. '정주한 자의 슬픔'은 산책이나 여행을 한다고 해서 해결되는 것이 아니다. 오래 어둠 속에 머문 시인을 세상 밖으로 끌어낸 것은 신앙과 음악 그리고 사람이다. 특히 딸에게 자신이 경험한 엄마의 부재를 대물림하지 않으려는 모성의 발로라 할 수 있다. 탄생과 죽음 같은 극단적 경험은 해마다 피는 꽃이나 꽃 진 자리에 맺는 열매, 늘 지상을 비추는 별빛과 같은 객관적 상관물을 통해 시쓰기라는 영역으로 전이된다.

　　하루 종일 바람 속에 서 있는 날이다

　　심장에 박힌 돌 하나

　　상처는 돋아들고
　　소리가 되지 못한 기침은 목울대에 다시 갇힌다

　　붉은 살 속을 떠나고 싶지 않은 흉터는

더 깊은 나선형의 통증 속으로 파고든다

　　제 윤곽을 잃고
　　검붉은 어둠에 박혀
　　가장 아픈 시간 속에서 익어가는 소리

　　더 단단해지고 싶은 것일까

　　심장은 다시 적막에 잠기고
　　시간을 견디는 힘은 빛날 것이다

　　네 몸의 무수한 생채기를 감추고
　　어둡고 깊은 곳에 목숨 하나 반짝인다

　　　－「꼭, 진주처럼」 전문

　용서 이전의 상태에선 타협할 수 없는 감정이 상황을 지배한다. 거부의 힘이 강할수록 심장에 박힌 "돌 하나"는 어지간한 화해의 손길에는 꿈쩍도 하지 않고, 흉터는 "더 깊은 나선형의 통증 속으로 파고"들어 깊은 상흔을 남긴다. 진주는 '조개의 눈물'이라 부른다. 모래나 기생물 등이 조개 안에 들어가면 내부를 보호하기 위해 조개는 체액을 분비한다. 이 체액이 이물질을 감싸 조직을 만들고 그것이 성장해 진주가 된다. 진주가 되어가는 과정은 "검붉은 어둠에 박혀/ 가장 아픈 시간"이란 다름 아닌 내적 성숙의 시간이다. 성숙은 고통을 수반한다. 그래야 "더 단단해"진다. 그런 시간을 견뎌내야 비로소 세상과 마주할 내적 결실과 외적 단단함이 생긴다. 내 의지와 상관없이 이물질이 들어온 순간 수용할 것인가, 거부할 것인가 망설일 사이도 없이 조개는 이물질을 감싼다. 그것은 수용이나 거부의 차원이 아닌 생존의 문제이다.

시 1연으로 돌아가 보자. "심장에" "돌 하나"가 박힌 그날 시인은 왜 "하루 종일 바람 속에 서 있"었을까. 구체적인 사건은 알 수는 없지만, 시인은 타인으로부터 말에 의한 마음의 상처를 입고 꺼이꺼이 운다. 심한 말이 "심장에 막힌 돌 하나"라면 마음의 상처는 돌을 감싼 체액이고, 이는 곧 진주라 할 수 있다. 그러면 "네 몸의 무수한 생채기"나 "어둡고 깊은 곳에서" 반짝이는 "목숨 하나"는 무엇일까. "피로 써라. 그러면 그대는 피가 곧 정신인 것을 알게 되리라"는 니체의 말을 상기해볼 때, 목숨처럼 시를 쓰겠다는 다짐과 다르지 않을 것 같다.

시 「잃어버린 신발」에서 "모든 비명과 아름다움은 다 네게로 가는 길이다"고 했다. 떠남과 머묾 사이의 갈등과 슬픔 그리고 상처, 그리고 삶에서 중요한 것은 나 자신을 용서한 일이다. 나를 용서한다는 건 나에게 상처를 준 사람들을 용서하는 것보다 훨씬 고차원적인 종교나 철학의 범주에 속하는 일이다. "영혼의 증명서 한 장 손에 쥐"(「발음연습」)어야 비로소 가능한 고요하고도 경건한 세계인 것이다. 세속을 초월한 높은 정신의 서정시가 이어지기를 기대한다.